Círculo Rojo

SEPTIEMBRE,

EL PRINCIPIO DE TODO

Septiembre,
el principio de todo

Hugo Sánchez

Círculo Rojo
EDITORIAL

Primera edición: 0ctubre 2024

Depósito legal: AL 2583-2024
ISBN: 978-84-1082-754-7

Impresión y encuadernación: Editorial Círculo Rojo

© Del texto: Hugo Sánchez
© Maquetación y diseño: Equipo de Editorial Círculo Rojo

Editorial Círculo Rojo
www.editorialcirculorojo.com
info@editorialcirculorojo.com

Impreso en España - Printed in Spain

El papel utilizado para imprimir este libro es 100% libre de cloro y por
tanto, **ecológico**.

INTRODUCCIÓN

El destino reflejó en mi mirada las letras nacientes. Me empujo para hacer de aquellos sentimientos escondidos, los mismos que nunca saldrían a la luz; amando desde la profundidad y en contra del tiempo.

PRÓLOGO

¿Por qué uno cree que en la vida no puede demostrar lo que vale? ¿Por qué creen que uno no tiene un don que pueda explotar? ¿Por qué se cree que uno no tiene cabida en el futuro, y se lo pintan de negro?

Es curioso que, en el ciclo del nacimiento, te dediquen su tiempo, para esa prometedora vida con las conjeturas del camino. Donde ser constante, optimista y valiente en cada esfuerzo para poder superar inseguridades.

Nos han hecho creer que el amor en su concepto solo lo es todo, incluso desde el radicalismo, pero no es así. Vine para actuar, vine para hacerte creer y demostrar que no sólo era una persona que sostenía cada situación como si fuera una butaca. Un espectador más.

Y aunque a veces me gané el coraje, nací en un septiembre de comienzos: de poesía y fue, también, el comienzo de mi historia. El punto de partida de mi vida.

SEPTIEMBRE

Parece que fue ayer cuando se oyó
mi primer llanto nada más salir al mundo,
jamás podía imaginar que me esperaría en adelante.
Todo pasa a un ritmo muy rápido y constante,
y con sus contrastes.

Siempre vienen las primeras rarezas según iba
descubriendo a la gente y al mundo que se abría
ante mis ojos, siempre me inquietaba todo,
por eso no podía parar quieto.

Siempre me gustó ir en contra del tiempo,
aún lo sigo haciendo,
predeterminé que era lo más importante
Sentí y sigo pensando que aún hay mucho por
hacer en este mundo tan entrañable.

Por algo nací en un mes de septiembre.
Donde la renovación de estación reciente,
donde el escaso calor que ofrece nuestros cuerpos
avisa del fin de una estación e inicio del viniente.
La piel atisba de la sensibilidad y su mutación.

Nos asusta ir en contra de cualquier obstáculo
por miedo a las reacciones, miedo por ser sinceros y creer
equivocarnos en la intención de entregarnos demasiado en
quien nos rodea.
Y no es miedo, sin embargo, sino seguir la intuición.

Hacer el bien mayor formaba parte de mis principios y educación.

Soy septiembre en el calendario así lo definió el destino,
Soy septiembre, ya que soy la fecha en la que nací y así es mi cumpleaños.
Soy septiembre, ya que me parece un mes perfecto donde podemos resumir
todo lo que cabe dentro de esos doce meses que forman el año.
Soy septiembre entre tantas personalidades.
Soy septiembre entre tanta gente que aparece en el registro civil.
Soy septiembre, y todo mi amor te di.

DECIR "NO" EN FASE DE NEGACIÓN

No quiero permitir al amor que entre en mi vida,
para que no me haga sufrir,
sentí que nadie me quería.

No quiero permitir que me intentes enamorar,
no te va a salir bien esa jugada,
tú misma en caerás en ella.

No quiero sentir para no decir <<que por ti sufrí>>.

Sólo quiero querer y que alguien me quiera de verdad,
y con esa persona todos los días poder despertar.

No voy a quedarme a esperarte
ni me aferro a ninguna soledad,
sólo veo la esperanza de que alguna
felicidad para mi vendrá.

¿Dónde está ese amor que no viene,
y pasa el tiempo y no aparece?

¿Cuándo volverá esa primavera de besos y abrazos,
que cada año uno espera, deseándolos poder
tenerlos al lado por fin?
No hay que mirar hacia ningún horizonte,
en mi memoria seguirás estando.

CADA SENTIMIENTO

Cada sentimiento que escribo es
el momento en el que quisiera besarte.
No te das cuenta de lo que este corazón siente,
por mucho que el silencio me gane.

Son muchas las razones por las que diría
<<eres lo que necesito y lo más importante>>.

Lo que duele no sentirte, lo que duele el expresarme,
y ver que todo sigue igual que antes.

Sería mejor un corazón de hierro para que no quebrara,
y así no divulgar este querer que esté queriéndote,
y otras preferiría seguir callándome.

La tristeza es la que puede hacer que no creas más
en el amor, y evites derrumbarte.

Pero, cada latido hace que no quiera olvidarte.

LO QUE SE EXTRAÑA...

Lo que se extraña de un beso era una huella,
que no borraba rastro de ello.
Lo que se extraña son esas interminables conversaciones,
en las que cada noche se nos iba el sueño.

Se extraña tantas cosas que nunca pensé,
que luego echaba en falta,
como el sonido de tus palabras.

Pocas veces me he perdonado
No me entregue lo suficiente,
me parecía poco querer el que yo te daba,
aunque tú te sintieras llena de amor.
Demasiado profundo era el vacío
con esa misma paz en mi interior.

Nos faltaba la chispa para poder quemar esa extrañeza
y siguiera nuestra felicidad como un barco a la deriva.
Anhelo decir <<me arrepiento>>
de ese tiempo que había, aunque ya se fuera, y las
declaraciones con pasión, se quedaron pendientes otra vez.

TODO DOLOR

Todo dolor de amor es mejor prevenirlo,
cuando ves que no están dando lo mismo por ti.

¿Dónde quedó lo básico y lo sincero?
¿Dónde quedaron las caricias,
y los besos verdaderos?

Te juro que no lo entiendo,
se supone que esto es amar
y quererse por completo.
Entonces llegas y me rompes entero.

Todo dolor es decir <<no te quiero>>.

PREGUNTAS Y DESEOS

Tengo el corazón dividido entre dejar de
creer en el amor o déjame que te quiera
con razón.

Yo estoy en este silencio y
observo que te quiero conmigo,
porque quiero sentirte según pasan los días.

¿Cómo evitar caer en la tentación
de amarte, y decirte lo que siento?
Aunque tú no sepas, la timidez me gana siempre
de nuevo.

Tengo tantas cosas que decirte... y tantas cosas de ti
quiero amar, y por eso dejaré que la pasión hable por
nosotros, cuando empiecen los besos incompletos.
Sólo quiero que seas parte de mí, y un trozo de mi corazón,
en el que te guardo estos versos que son de tu amor.

PREGUNTAS Y DESEOS II

No puedo tenerte cerca
¿Por qué se ha fundido en mi la pena?
En mis palabras te he expresado como
me siento, y lo que siento por ti,
tú no has reaccionado en todo este tiempo,
sí dejas que esto nos esté matando por dentro.

¿Qué hay que hacer para que entiendas
de una vez, que somos parte de este baile,
y no han tocado aún nuestra canción,
donde empecé en secreto a amarte?

No dejes que la emoción te pueda.
No dejes que el tiempo te frene la
hora de quererme.
No dejes que el tiempo invente nuestras conversaciones.
Solo el día a día será el que defina cuanto me quieres.

MUCHAS VECES

Muchas veces he oído te quiero y
ninguna ha sido cierta,
ya que todo sólo era aparentar
en el momento, y, sobre todo,
fingir que lo estabas sintiendo.

Me quedaba siempre perdido
cada tarde con tus mensajes,
en los que esperaba ver,
<<demos un paseo>> mientras
te miro y no dejo de amarte.

Yo solía sentarme, y preguntándome
sí era aquello de verdad,
sí estabas amándome.

Sólo escuchaba mi música, y me
transportaba a sentimientos encontrados,
cuando estaba contigo, y cuando
los descubrí, solo quería quedarme en ese lugar de allí,
junto a ti perdido.

Todo se desvanece,
y se arrancó la ilusión de quererte,
ya que sólo pudiste romperme,
haciendo que mi corazón llorara
por perderte.
Sólo dije <<nunca te entregues>>.

LA REFLEXIÓN A LA HORA DE LA ENTREGA

¿De qué sirven los hechos
en los que me lanzo a entregarte mi amor
por completo?
Sólo mi única respuesta es que no valen nada,
que se han deshecho.

No creo en la palabra <<amor>>
ni en un déjame amarte,
ya que el tiempo me ha hecho
que me cuestione que no vale la pena entregarse.

<<Nunca te entregues>> siempre ha sido mi pensamiento,
así es la única forma en la que no puedo pronunciar ningún
te quiero.

Es difícil entenderme,
aunque es simple comprenderme.
Siempre sufro por quererte, y tú,
no sabes corresponderme.

¿Sabes qué se siente, cuando te entrego mi tiempo,
y mis minutos enteros?
Tú lo sabes, pero no lo valoras,
tan solo me dejas en la soledad de amarte, y con el
corazón roto en la sombra.

La sombra es el castigo por creerte,
y de pensar que todo era distinto y diferente.

Me abrazo a la soledad de mis sentimientos,
para dejar mis versos escritos que se han
refugiado en este corazón.

Y aunque pase el tiempo nunca ames,
así te evitas el sufrir cuanto antes,
cuando digo que no es fácil de entenderme.

Yo sólo digo << nunca te entregues>>.

LA TENTACIÓN TRAICIONA

Se han perdido los sentimientos,
ya que no han decidido encontrarse en mi pecho,
decidí olvidarte al mismo tiempo.

Tú atravesaste mi confianza como una daga,
clavándola en mi pecho,
cuando se supone que tú me amabas.

Aunque el dolor sea fuerte,
los dos sabemos que este amor nos puede,
pero no quiero caer de nuevo,
en la tentación de tus labios,
que me quieren atrapar de cero.

Por más que haya pasado tiempo,
por más que parezca que fuera ayer
cuando te di ese beso y nuestras
miradas se amaban,
aunque el frío nos quisiera derrotar
en silencio.

Solo en la distancia, nuestros pensamientos
quieren conectar,
aunque las emociones estén a puro fuego,
necesitamos volver a sentir de nuestros labios
<<ese beso>>.

ESTAS GANAS DE LUCHAR

Estas ganas de luchar nunca se rindieron.
Porqué siempre han estado ahí, luchando
por tu amor a cada momento.

Son tantos los porqués que necesitaron respuesta,
y el silencio que tú desprendías,
se hacía el más incómodo y el más doloroso,
que, las ganas de seguir adelante se fueron.

Nunca hables diciendo que no te amé.
Te amé y no supiste valorarme.
te daba todo y lo rechazabas,
convirtiéndolo en algo despreciable.
Cuando se me hace la pregunta:
¿tú me quieres como yo te quiero?

Yo siempre la esquivo, por qué no se
merece una respuesta, aunque te respondo
diciéndote que no lo siento. Y tú, tú dices que
esperabas otra cosa.
Pero, te dije que no vinieras a arreglar lo roto
en su tiempo.

No quiero sentirte ni que me sientas,
porqué esto se acabó.
Se forjó una distancia entre tú y yo.

Ahora puedes saber que se siente,
tú me rompiste el corazón primero.
Sólo piensa cuando el amor es verdadero.

CUARTO DEL PENSAR

Me quedo en este cuarto de pensar, sentado,
y dejando el tiempo pasar.
Solo me permito recordar cada momento vivido,
y considerando si daré al amor otra oportunidad.

Triste la realidad que acompaña,
cada vez que el corazón recobra el fuerte latido,
cuando se cruzan las miradas; y las ves ahí perpleja
cada día.
Y de mi boca las palabras se ausentaron.

El tiempo me hace sentir querer amarte,
y si me dejas, aún más. No sentir que es
prohibido, y si lo es, quiero cruzar esa línea contigo.

No hablemos de la edad, hablemos de ti y de mí, y de ese
tiempo que aprovecharemos cada momento; los instantes en que
nuestros labios no dejen de amarse.

No sientas la prohibición sino la felicidad de cada minuto
y que sea nuestro mientras dibujamos en
la piel un infinito.

Déjame ser todo de ti, déjame ser parte de ti,
deja que este amor se sienta como un desafío,
en que esto es sólo tuyo y mío.

Sólo siente estas palabras con fuerza,
que con este amor te escribo.

Yo te espero aquí por si te decides venir,
amándote.

SÍ A LA NEGACIÓN

Pasa el tiempo y con él la promesa
de que no querer sentir amor por ti.

No te lo mereces,
pues la confianza se evaporo con
la traición al instante.

El reloj no quiere escuchar tus lamentos,
nunca fueron verdaderos,
tus intereses fueron primero,
y no tus defectos.

Me lancé a la deriva para olvidarme de este tormento,
no habrá más opciones,
para regresar a mis abrazos este invierno.
No hay más minutos.
Sólo soy el pasado de un amor borrado,
que te borró cuando me rompiste.

Ya no soy una lágrima que te tiene en el recuerdo.

SEGUIRÉ PERDIDO EN LOS RECUERDOS

Perderme en tu mirada en aquella
tarde tan apasionada,
mientras te besaba,
y toda huella de nosotros,
se quedaba en nuestra piel,
cuando estos brazos te rodeaban.

Tantas veces en mi recuerdo estabas,
y yo viajando en ellos y viendo que lo prohibido que aún me quemaba;
dejándome con esa sensación,
en el que tú no regresabas.

Cada momento que defino contigo,
es cada segundo de mi vida que no
quisiera haberte querido,
ni que fueras parte mío.

No dejaré que el amor me retenga
entre sufrimientos por otra ausencia,
ni se quede entre lo vivido
con tanto arrepentimiento

Perderme en tu amor sigue siendo prohibido.

PENSAMIENTO Y DESEO

Quisiera perderme en ti cada momento
y así retenerte entre mis brazos,
más allá de los esporádicos encuentros.

Desearía convertirla en realidad
y no seguir atormentándome en cada lágrima
desprendida,
como otra mañana fría estando en soledad.

¡Cuánto deberías saber que es amarte en silencio,
rogar minutos junto a ti
y que se detenga todo por un momento!

Cuánto oculta este corazón por tenerte
sí sólo quiere hacerte un hueco en el tuyo,
lazos de corazón.

LA SUPERVIVENCIA EN NUESTRAS MIRADAS

¿Cuánto duro el vivir sin oír disparos ni gritos?
¿Qué fue de la paz que determino aquel presente de cantos y
lágrimas de felicidad?
No lo sé. Solo sé que sentís con el corazón encogido en la
mano, con la desolación y la incertidumbre del cuándo termi-
nará el alargado infierno.

¿Por qué todo se basa en política e intereses?
¿Por qué todo se basa en querer destruir al más débil?
¿Por qué vivimos coartados de libertad aspirando a existir entre
el miedo y la muerte?

Sólo podemos huir hacia lo desconocido,
seguir andando sin mirar hacia atrás,
mientras podamos.
No quiero que seamos perseguidos,
Ni tampoco vivir con pánico,
quiero poder mirar hacia el cielo,
y que este vuelva de nuevo azul, para y así
aspirar que tenemos esperanza a largo plazo.

Sólo podemos vivir el día a día con todo esto que
nos está pasando.
Sólo podemos nosotros, los ciudadanos, ayudarnos,
y poder defendernos como podemos.
Pero en el momento más bajo del día,

sentiré que esa tristeza y ansiedad,
que se ha establecido en mi cuerpo,
me hará recordar mirando a todo lo que tengo
que fui valiente entre tanto miedo.
Sentí que la supervivencia
en nuestras miradas...
me hizo sentir que estaba vivo
cuando todavía podía creer que no tenía aliento.

¿CÓMO INTERIORIZAR EL MIEDO?

La definición tan verdadera,
hay todo un mundo ahí fuera por descubrir,
es en realidad el miedo a vivir.
¿Por qué el miedo nos atrapa y nos hace querer evadirnos,
como si no hubiera un fin?

Miedo a perder la razón,
a dejar perdernos,
miedo a la mala suerte,
la misma que siempre parece acecharnos
sin descanso.
Pero, sobre todo, miedo a sentir tanto dolor.
¿y de sentirse rechazado?

Miedo a ser rechazados y no tener con quien,
compartir esos sentimientos.

Rechazado por creer que nadie
quiere sexo contigo.

Rechazado por aventurarte a tener
tantas experiencias,
que quieres descubrir,
y crees que el mundo,
se volverá contra ti.

¿Rechazado?
Sólo existe al no ser valiente,
y que nadie tenga que decidir por ti.

¿Cómo interiorizar tantas dudas,
a las que no puedo dar respuesta?

¿Cómo interiorizar la neutralidad,
de esa agonía que nos enferma?

Sólo podemos combatir con sinceridad,
la verdad más suculenta.

¿Cómo interiorizar el miedo que nos congela?

Las taquicardias nos avisan,
porque evadimos la verdad,
que nos toca tan de cerca.

¿Cómo dejar de evadirnos del miedo,
y poder ser felices,
sin que nadie nos detenga?

El día del mañana te dará la respuesta.

SESIÓN DE TARDE

Como cambian los planes de un día para otro,
año tras año por falta de ideas para renovarse.
¿Cómo innovar de nuevo,
esas sesiones de tarde?
Los años en parte son los culpables, entre falta de tiempo,
porque lo ocupa el trabajo,
o por falta de ganas, de las que te hace sentir, que de todo estás
harto.

¿Por qué en las tardes no se
innova como antes?
Antes la población se dedicaba a pasear por las calles,
y al final esas conversaciones que se tenían, eran interesantes.

No había tan a menudo
"un me aburro bastante" como lo hay ahora,
y que nos tiramos a por el móvil, porque evitamos querer hablar
de lo que es importante.

¿Dónde ha quedado el extrañarse?
¿Dónde ha quedado ese envío
de cartas o postales?

¿Dónde ha quedado
un quiero verte,
porque eres lo más importante?

¿Dónde han quedado los recuerdos
tan espeluznantes? ¿Dónde ha quedado esa sonrisa,
que permanecía constante?

¿Dónde han quedado esas pelis
de ir al cine, o de manta y sofá,
donde debatíamos después de manera interesante?

¿Dónde han quedado las maneras
de pedir perdón y disculparse?
¿Dónde nos hemos perdido
tanto y no hay manera de encontrarse?

¿Dónde se han quedado nuestros
principios morales?

Todo cambia con el paso del tiempo,
nos hicieron perder valores, y costumbres del ayer ante tal modernismo incierto.
¿Dónde se han quedado nuestros esfuerzos de ser felices alguna
vez?

NADA DETENDRÁ NUESTRO BESO

Sientes el frío del invierno,
no solo por la llegada de la estación,
sino porque hay distanciamiento.

Sientes que todo avanza,
y que nuestros pies,
siguen en esa misma línea de salida,
ante la duda de hacer lo correcto.

¿Cuánto vas a seguir esperando,
a que vengas a mis brazos?

Me tienes de frente,
y ves que hacía a ti estoy avanzando.

Te pregunto:
¿Cuánto tiempo más vas a hacer caso,
a esos comentarios absurdos,
porque no quieren que estemos juntos?

Siento que nada me retiene,
ya que veo que esta situación
no se sostiene.

Recuerda que los errores te marcan
para siempre.
Si decides dejarme ir,
sabré que no fui lo suficiente.

"Detente" me dices de repente,
me dices que te asaltan miedos,
dudas, que te sientes, ante todo,
perdidamente.

Yo te digo que nunca te conformes,
con lo que sientes.
Ama, vive,
como si no hubiera nada que te detuviese.

Haz que te duela el corazón,
de amor interminable,
y verás que nada,
se perderá como antes.

Y ante esta tarde fría de invierno,
sabrás, que no se evitara nuestro beso.

DE PELÍCULA

Todo es envolvente cuando el amor
te atrapa, te desata,
y te saca ese perfil,
dando lo mejor de ti.

Sientes magia,
sientes fuego,
sientes querer estar dando
todo el rato,
esos besos sin fin.

Todo es como una doble circunferencia,
que tiene que rodear la rotonda de salida,
para que nada se pierda.

Empieza el egoísmo de lo inentendible,
sólo quieres romper los esquemas,
que nos unía como piezas.

¿Dónde quedaron los te quiero,
llenos de gloria eterna?

Sólo te vienen a la cabeza,
esos malos momentos,
a veces ilógicos,
que no eran relacionados
con ninguna discusión,
iniciada como respuesta.

Luego la mente te atrapa,
te castiga,
haciéndote ver que la pasión
que teníamos en el amor,
se ha quedado dormida,
en esa cama revuelta.

Todo es de película,
sin dejar claro,
cuál era la trama,
que hacía de esta película,
imperfecta.

Sólo nos quedábamos
con las frases importantes,
que nos hacían reflexionar,
si esta situación en nuestra vida
era importante.

¿Y por qué nos adherimos a ese
final triste y desconcertante?

Lo peor es cuando llevas tanto tiempo,
sin sentir en tus brazos,
esa pasión interminable,
sientes que ese fuego que te quema,
a veces sólo quiere equivocarte.

De película fue no demostrarme
ese te quiero,
que me decías de manera constante.

INTELIGENCIA FUTURA (FT CLAUDIA PÉREZ DOMÍNGUEZ)

¿Dónde se han quedado todos los registros
en mano, en papel, o cualquier otro formato?
Se supone que nada podía suplantarnos.
¿Con qué red nos han atrapado?

Vemos las redes que se tejen con el tiempo,
que el futuro artificial está en aumento,
que los hilos de las historias,
se han quedado enzarzados en un puerto que
ya no es seguro, y pensábamos lo contrario.

¿Por qué un sistema tecnológico tiene que
dirigirnos nuestra forma corporal, la imitación
del habla, o copiarnos hasta nuestra propia
cara?

De dónde venimos, de dónde somos,
hacia dónde vamos, hacia dónde nos dirigen,
en una cotidianeidad pavimentada de algoritmos,
que debemos dominar,
cuando ellos ya nos dominan.

Esa venta de inteligencia futura no está pactada
con la autorización de la población,
se están adueñando de nuestros sueños y pensamientos,
pero no entienden que son nuestros.

Esto no se trata de un sistema como si fuera Matrix,
y la percepción del mundo no real,
se trata de que esta inteligencia futura,
nos quiere del mapa borrar.

El mapa de dentro.
El mapa del registro.
El mapa emocional.
El mapa por el mapa.

DIÁLOGO DE ALMAS
(FT ESTHER ESLAVA SAIZ)

Desde que empezamos a tener uso de razón,
empezamos a tener sueños que queremos
convertirlos en ideas,
y transformarlas en algo que, a todos,
nos ayude y convenza.

La mente pequeña mientras es pequeña,
se impulsa en su ignorancia e inocencia,
una semilla llena de fuego y leña,
su máximo potencial de camino,
a la consciencia.

¿Quién soy?
Es la pregunta que más difícil se hace dar
una respuesta.
Soy una persona que comparte sus reflexiones,
sus ideas, sus momentos,
para que así otros puedan tener una guía de
esperanza, en esta vida tan incierta.

¿Quién soy?
No soy un algoritmo,
soy la voz de mi subconsciente,
mostrándote un camino.

Soy un quien, con la voz,
un ser que ama lo existente,
no soy un quien atroz,
ni un ser inconsciente.

Soy un quien,
con muchos sueños existentes.

@esther.e.saiz

<<Cuando dos almas se expresan libres, nacen nuevas melodías únicas e irrepetibles>>. Gracias por tu iniciativa, tu generosidad y tu amabilidad. Un verdadero placer crear juntos.

NATURALEZA SUPERVIVIENTE
(FT MARIAN COBOS)

¿Por qué el ser humano no sabe cuidar
el medio ambiente?
Con ese verde que tenemos,
y huele todo a aire puro,
y fresco.

¿Qué pasa en nuestro mundo,
que las abejas se mueren,
los ríos se secan,
y los plásticos toman los mares?

Los árboles aparte quedan derruidos,
ya que se quedan sin talaje,
los cortan, o los queman,
o acaban arrastrándoles,
infinitas corrientes de aire.

Árbol, señor de los bosques,
¿Cuándo comprenderá el ser humano,
que, sin ti, una tierra sedienta,
usurpará tu hermoso lugar?

Naturaleza paciente.
Naturaleza luchadora,
madre y señora del mundo verde.
Naturaleza superviviente.

Marian Cobos (@marian.cobos.escritora)

Querido Hugo Poeta,
ante todo, expresarte mi agradecimiento por
la colaboración que me solicitaste tan generosamente.
Ha sido todo un placer escribir contigo,
y me siento muy orgullosa de participar en tu próximo
poemario.

UN INVIERNO EN SILENCIO
(FT ROSER)

Otra vez el frío vuelve a castigar nuestra piel,
los huesos nos duelen,
pero lo que más nos asusta,
es este silencio ausente.

Se aprietan las paredes sin espejo,
pues ya huele a invierno,
y nuestras manos no se acercan.

Siento que viví en otra realidad paralela,
a veces se me olvida que estamos en invierno,
ya que la alegría
no destaca en presencia.

A veces no escucho la tormenta
que se detiene,
bajo las hojas caídas y secas,
y mis pies se cubren de rocío y arena.

Sólo el ruido del exterior,
y el temporal tan helado
es el que nos acompaña
en esta noche deslumbrada,
donde no hay conversaciones ajenas.

Es el silencio quien mece al aire,
cuando la lluvia moja las aceras,
como si fuéramos unos locos poetas.

Roser (@roser_poesía)

Mi sincero agradecimiento a Hugo,
por contar conmigo en un poema
a dos manos, para este libro.

PROBLEMAS QUE NO ACEPTAN TU REALIDAD

Todo puede acaparar la atención cuando
se trata de escucharnos
y así nos acaban haciendo sentir mejor.

Siempre se puede ser reservado
por miedo a mostrar nuestra confianza,
y vemos que nos la traicionan
con lo que menos lo esperamos.

A veces todo juega en tu contra,
por falta de sinceridad,
a veces creemos que estamos haciendo bien
pero sólo acabamos haciendo mal.

No hay neutralidad para decir
<< ¡Basta! Tengo que aprender de una vez
a confiar>>
pero aun así nada valdrá.

Lo peor es evitar la verdad.
Lo peor es mentir a esa persona
que siempre está ahí,
y dirás <<no volverá a pasar>>.

No siempre hablamos de una infidelidad,
también hay otros problemas
que son los que la confianza puede romper
de verdad.

Todo queda en suspenso,
no sabes ya en lo que creer,
ya que siempre es el mismo
problema una y otra vez.

Quieren ayuda
pero no se dejan ayudar,
se sienten en soledad,
aunque lo quieran negar.

No se puede tener a una persona
incompleta,
la felicidad no se da, se entrega.

La equivocación siempre viene de frente,
aunque no lo quieras ver de forma real.

Solo tu subconsciente te avisa,
de que, al final,
con toda esa actitud,
de ese falso cambiar,
todo perderás.

Cuando veas que a esa persona
la echaste de tu lado,
por no saber escuchar,
entenderás que tus problemas
no aceptan tu realidad.

LOS DOS LADOS DE LA MÁSCARA (FT ADRIÁN CRESPO)

Volví al pasado,
y miré cómo lo pasamos de difícil,
cuando los alimentos eran escasos,
cuando la sociedad estaba viviendo
sus peores tiempos,
pero no nos vinimos abajo.

La capitalización de la sociedad.
siempre estuvo nublada,
siempre vestían de corbata
con la primera y última palabra.

Tú tenías que vivir con los muñecos,
con tu infancia inocente,
y esa sonrisa que al parecer era sincera.

Corríamos sinceros,
sentíamos ser sinceros,
vivíamos en una sociedad;
y en un margen que huele a demolición
y a guerra silenciada.

¿Por qué queremos hacer como si no pasara nada?

Yo quiero volver a abrir la puerta de la calle
sin miedo,

y no tener que ver a mi familia preocuparse,
por lo que estamos viviendo.

Hoy todo lo vemos y lo notamos con
pies de puntilla,
y con los ojos afilados,
esta sociedad
la quieren llevar a la extinción,
y que la población
nunca acabe ganando.

Sólo quieres estar con los tuyos,
el miedo huele,
huele a pánico, a terror,
a vivir con ansiedad,
y en constante depresión.

Las dos partes de la máscara son
las dos partes de la lucha,
en la que una sobrevive la población
y la otra quieren imponernos,
sin pedirnos perdón.

Hablamos de sobrevivir,
como si fuese poco,
nadie nos ha visto las marcas,
creemos que sabemos
y no comemos de lata.

Creemos lo que sabemos,
y solo lloramos,
ya que nos rompen el corazón.

Creemos que hay guerra,

y estamos en guerra.

Nos están oprimiendo,
dejando sin oxígeno,
maltratando la salud,
recortando nuestros huesos
y libertades.

Y no,
nosotros nunca vestimos de traje,
siempre salimos a tirar la basura
con zapatillas de ir por casa,
y seguimos sobreviviendo,
día a día,
como si no hubiera un mañana.

<<El miedo se llama gente>>.

Somos esa lucha,
donde no nos hizo falta la máscara,
para poder sentirnos mejor.
La única máscara es la verdad, que sólo entiende Dios.

Adrián Crespo (@adriancrespo)

En este viaje espero que disfrutéis esto,
aunque ya lo habréis leído.
Nuevamente, muchísimas gracias
por confiar en mí,
por dejarme formar parte de esta guerra,
con dos máscaras.

UNA TARDE BAJO LA LLUVIA (FT ANA CORTÉS)

Empezando con tus versos,
dibujarte un corazón,
en estas lágrimas que llora
el cielo.
Amarte incluso en el frío,
que se hace hielo.

A veces te siento tan de cerca,
que sólo quiero acariciar,
cada centímetro de tu cuerpo.
Necesito tenerte entre mis brazos,
aunque me devore este fuego eterno.

No hay distancia que pueda separar
estos sentimientos,
no hay forma,
de que te vayas de mis pensamientos.

Seremos el mejor recuerdo de amor.

Una tarde bajo la lluvia nos sirvió,
para darnos cuenta,
que era lo mejor que se refugiaba en
nuestro interior.

Tú me ayudaste a salir de la negatividad,
y ver qué rumbo de mi vida,
podía ser esa positividad.

Mi refugio soy yo,
y a ti,
que mi corazón te ama,
te dejo pasar,
a mi vida
y a las páginas en blanco
que están por escribir.

No dejaré que te pierdas
en ningún abismo sin mí.
Nos perderemos en cualquier
paisaje, donde yo respire de ti,
y tú de mí.

Una tarde bajo la lluvia
Una tarde, solo por ti.

Ana Cortés (@soyturefugio)

De una amistad tan fuerte,
a una foto de un cristal mojado
por la lluvia, así nació el poema.
Una tarde bajo la lluvia,
junto a Hugo Sánchez,
donde los versos,
fluyeron como el agua.
Una de las cosas más bonitas
del arte es compartirlo,
y compartir mi poesía con
la tuya, siempre es un regalo.
Gracias por contar conmigo,
amigo mío.

LO QUE TUS LABIOS CALLAN (FT LOURDES)

Nada tiene que ver con mirar
un cuadro de Miguel Ángel
para que se haga ver
lo que tu belleza vale.

Observarte de lejos,
me hace querer hablarte,
aunque no es por timidez,
sino no encuentro palabras,
para decirte en el instante.

No, no hace falta ver un
cuadro de Miguel Ángel,
es algo evidente,
no se puede ocultar,
el valor de tu belleza.

Contemplarte de lejos,
crea en mi ese deseo de
hablarte,
pero no encuentro palabras,
para expresar lo que siento.

Sólo puedo quedarme en silencio,
contemplando tu belleza,
tal vez algún día encuentre esas palabras,

aunque, primero me gustaría descifrar,
lo que tus labios callan.

Esos labios, son susurros,
que me llevan a ti,
como una flor que se abre,
entonando un canto de amor,
y a la vez dolor.

Tus palabras, son melodías
que me envuelven en un cálido
manto, melodías que sólo la brisa nocturna
conoce.
En el silencio de la noche,
tus labios se abren,
y dejan escapar,
un tenue suspiro.

Ese suspiro me hace al final hablarte,
y decirte que me he perdido
en tu mirada,
cada segundo,
que ha pasado esta tarde.

No quiero que me reproches
esta declaración tan intencionada,
que no he podido aguantarme.
Sólo sé que he pecado de débil,
por no saber frenarme.
Mi corazón me golpeaba
tan constante.

El tiempo se ha aferrado
a tus ojos,
tan devorantes.

Permíteme decirte,
que no niegues lo evidente,
por mucho que esto te extrañe.

Dejemos de encontrar
explicaciones absurdas,
a este deseo,
que nos ha unido tan cesante.

Perdámonos en las caricias
de nuestros cuerpos,
y hagámosles temblar,
de emoción y sentimiento.

No hace falta que susurremos,
mientras nos pueda el deseo.

Solo gritemos,
y gritemos,
hasta quedarnos sin voz,
en este febrero.

Por la mañana
sólo recordaremos,
lo que tus labios callan.

Lourdes (@dinastiadelibros)

Colaborar en la escritura de poemas es
una experiencia muy enriquecedora. Esto me
permite aprender de otros poetas y mejorar mis
habilidades.

SUPERNOVA, EL COLAPSO DE DOS ESTRELLAS (FT GABRIEL LLAVES)

Se paró el ruido que nos rodeaba,
nos mirábamos a los ojos,
parece ser que no sabías decirme,
tu silencio se hacía más inoportuno.
Todo empezaba a ser más duro.

Y yo dudaba si era en el camino oportuno,
si acaso, nos convencimos,
de no ser nosotros mismos.

La factura por reírnos juntos era destruirnos
al minuto.

Quizás te quise más de lo que pude manejar,
o quizás te quise tanto,
que mi realidad cambio sin más.

Sabíamos que teníamos fecha de caducidad,
pero me niego a pensar,
que llegó antes de terminar de amar.

Sentíamos la necesidad de ser la supernova,
y el colapso de dos estrellas,
que no quieren romperse,
por creer que, en nuestra unión
nos conllevaría a la eternidad.

Nos contagiamos quizás por los miedos,
tú me provocabas celos,
por temer al cambio de no tener esa libertad
sin frenos.

A poder rendir cuentas,
de que no podía ser esto como tú pensabas,
antes de que todo se hiciera un agujero en
el espacio,
y el resquebrajamiento de tus palabras.
Pude irme, pero me quedé,
porque siempre creo,
que no se derrumbaría mi esperanza.

Siento que a veces sigue ahí esa
luz que me alumbra para seguir a tu lado,
pero siento que me echas de todos los lados.
No sé dónde está mi rincón,
y siento que en esta trama hiciste
que perdiéramos el control,
diste al botón de contigo puedo yo.

Nunca fui tu enemigo,
sino el que te enseñó a ser mejor,
y quizás ese fue el único error.

Convertir la individualidad en dos personalidades
que se modificaron tanto mutuamente,
hasta que se hicieron incompatibles,
para seguir juntas hacia delante.

Me curaste los miedos,
y yo derribé tus muros,
apagaste mis incendios,

pero las cenizas siguieron ardiendo.

Y ahora,
entre el humo de lo que fueron,
veo que eres mi colapso favorito,
mirando atrás sólo veo los momentos bonitos.

Simplemente fuimos dos estrellas
que jugaron con la física,
para ser la explosión más hermosa,
que nadie pueda ver a simple vista.

Con el mayor amor y cariño,
tu supernova en el infinito.

@gabrielllavesqui

Escribir este poema con Hugo ha sido una experiencia maravillosa, que creía que sería más complicada por la forma que tenemos cada uno de escribir sobre el amor, y encontrar el punto medio entre nuestras dos formas de ver el amor y el cariño, a veces tan distintas, ha sido increíble.
Para mí escribir este poema a la distancia, lo he sentido como sentarnos los dos en la mesa de un bar, y compartir las penas con un par de cervezas.

LA PASIÓN DESPIERTA (FT BETY)

Dos miradas que se llaman a lo lejos,
que se quieren atrapar
desde el momento que conectaron.

Quizás intentaron evadir,
lo que su corazón estaba sintiendo.

Quizás intentaron fingir
lo que su pasión estaba mostrando.

Y nada encontraron
tan fuerte o inocente
como fue el AMOR,
tan puro y sentido,
como fue el placer y el dolor.

Ven: <<soy los versos que
te vestirán de amor>>

@betypage

La experiencia ha sido increíble,
me encanta compartir con Hugo,
además de poeta,
es ya un gran amigo.

SALA DE LA AUSENCIA
(FT ENRIQUE MORTE MACIA)

Resquebrajamiento emocional,
el silencio se ha hecho notar,
no sé a qué lado mirar,
para ver si te llego a encontrar.

No puedo hacerme a la idea
de que ya no estás.

El vacío en mi interior es más que eterno,
las agujas se han parado en el reloj,
en mi interior no terminan los inviernos,
sólo gris es hoy mi escala de color.

¿Dónde hallar tu calor,
tu tierno abrazo,
donde el fuego que la muerte marchita?

Sala de la ausencia es donde estoy yo,
esperando a que vengas a nuestro
encuentro,
para tener esa conversación pendiente
que nos quedó,
Por qué te fuiste sin decirme adiós.

Este frío que no deja de cesar,
mi cuerpo se estremece,

ya que no siento nada de ti,
y me he quedado con la duda,
si dimos la importancia de nuestra vida,
y si lo hicimos de manera mejor.

Sala de la ausencia es la sala
de la meditación,
donde intento encontrar las
respuestas
a todo esto, que está doliendo
en mi interior.

La distancia aparecida
cada vez más me desangra,
con el viento y su lamento,
yo me lanzo a caminar.

No hay destino,
en el que pueda volverte a hallar.

Y las lágrimas me llueven desatadas
de tristeza,
no hay palabras que lo puedan expresar.

Solo, muerte, tu llamada,
me podría consolar
de este dolor que me fustiga,
de este recuerdo tan voraz.

@enrique.morte_poesia

Es complicado a veces poner en común las visiones de uno y otro, pero es una sensación indescriptible descubrir cómo las palabras logran entenderse y dar forma a algo más grande de lo que uno solo podía lograr.

Estoy muy agradecido por formar parte de este libro y de todo lo que me llevo aprendido.

EL ASCENSO DEL DESASTRE
(FT AIXA VALFIGUER)

Somos millones de humanos en este mundo,
pero desde la pandemia,
todo ha ido cuesta abajo y sin frenos.

No sólo hablo de las personas que murieron.
Hablo de las personas que quedaron,
las que vistieron el luto en los hogares,
las que vivieron volcanes y tormentas,
y ansiosas, sufren crisis de desastres.

Empezó el ascenso del desastre,
un desastre global de la ruina y
pérdida de hogares.
Aumentó las colas del paro,
las colas del hambre.

Sólo había tristezas y miradas
perdidas en los ojos de la gente,
entre huracanes, guerras,
y cada vez más paro,
sólo quedaba ver cómo podíamos salir
de esta situación,
que nos tenían tan ahogados.

Observa la mirada de la gente,
y dime,
¿dónde quedó el brillo de un nuevo futuro,
dónde quedó el mar de posibilidades,
dónde quedó el amor por la belleza de este mundo?

Sólo quedan rastros de cenizas del volcán,
desiertos donde hubo ríos y océanos,
mares donde hubo glaciares,
guerra donde hubo paz,
rendidos antes una impotencia agonizante.

El ascenso del desastre fue provocado por los hechos que nos
destrozaron
psicológicamente ante tales desastres,
que nos hicieron vivir con miedo,
ante un despertar de inseguridad constante,
creímos morir en esta cárcel.

A veces pienso que me vi morir cada día, de cada tarde.
El ascenso del desastre,
una herida imborrable.

@alvafly_poetisa

La experiencia ha sido gratificante y divertida.
Me ha regresado a mis años de secundaria,
en la que improvisaba líneas con mis colegas bardos.

SEREMOS

Seremos la historia que queramos recordar.
Pensaremos si hemos valorado lo que esos sentimientos
nos demostraron
cuando no creíamos en el amor.

Seré la poesía que jamás le dedicaste su tiempo
para comprenderla,
tampoco podías comprender al autor
en su vida personal.

Seré la pasión que siempre quisiste
abrazar, pero la dejaste escapar.
Sólo seré el poeta que te escribía en sus letras,
para demostrarte cuánto te podía amar.

Seré olvido y tierra,
Pero también puedo ser
ese corazón herido,
que ha curado sus penas.

Seré ese recuerdo que extrañas en primavera.
Sólo seré ese hombre con esa alma eterna.

Seré ese amor,
que tantas veces entregó
su corazón en medio de la tormenta.

AGRADECIMIENTOS

Quiero dedicar este libro a todos los compañeros poetas que se han involucrado en él, a todos esos compañeros que ha sido maravilloso trabajar con ellos juntando estilos, es lo bonito de aprender, y a la vez de crear tan hermosas y brillantes letras cada una dotadas de un significado especial. Por eso yo también he dejado unas palabras para todos vosotros:

Claudia: compañera y amiga poeta, aparte de intercambiarnos nuestros libros, es un placer aprender de ti, y descubrir que hay detrás de la poeta, que, con el arte de la escultura, tu poesía estará tallada en la memoria de toda la gente que te vio dar voz a esos poemas que diste a conocer en tu tierra. Gracias por tan enorme corazón "mi inteligencia futura".

Ana Cortés: amiga y compañera del refugio de los poetas, cuantos momentos compartidos en tan poco tiempo, cuantas emociones compartidas fuera de la poesía, pero sobre todo tu corazón es el fuego que da la sintonía a este mundo poético, a través de la positividad que tú reflejas ante la negatividad de cualquier día gris. Una tarde bajo la lluvia ante el amor propio, cuando falla el correspondido. Gracias mi refugio.

Adrián: compañero y amigo poeta, que noble arte haberme cruzado contigo para una colaboración, como es "los dos lados de la máscara" ese potencial en las letras te refleja todo un artista reivindicativo de esta sociedad, ante la valentía y el poder que tiene la palabra.

Un artista de la expresión que nunca debe de cambiar ese poder en las letras. Ha sido un placer tenerte en mi poemario, amigo y compañero.

Marian Cobos: compañera y amiga poeta, nuestros caminos se cruzaron a través de "poesía eres tú" y para mí ha sido un placer que hayamos dado voz a un poema como "Naturaleza Superviviente" porque duele ver como el color verde no lo aprecian, y ni lo valoran, como lo es nuestra señora y madre naturaleza. Gracias amiga.

Esther: Compañera poeta y amiga del refugio de los poetas, es un placer que formes parte de este poemario, porque sobre todo este juego de palabras que hemos montado en "Diálogo de almas" ha sido una experiencia divertida, ya que el resultado final te hace reflexionar sobre quien es uno mismo. Gracias amiga.

Roser: Compañera y amiga, que coincidimos en "poesía eres tú" ha sido un placer que formes parte de mi poemario y sobre todo que "Un invierno en silencio" no se quede en silencio, ante las ausencias, sino que, en el invierno, aparte de sentir frío, siempre haya el calor de todo lo bueno que sea bienvenido, y tener la felicidad para uno mismo. Gracias amiga.

Gabriel: Amigo poeta, y compañero del refugio de los poetas, ha sido un placer que estés en mi poemario, tenía claro que debías de estar en él, juntando nuestros estilos y marcarles esa intensidad que ambos tenemos, para que sepan que el amar duele en la gran escala, de esta intensidad que desprendemos en nuestras letras. Por eso nuestra "Supernova, el colapso de dos estrellas" no sabrán entender porque amamos con tanta intensidad, tanto el poeta que define así mismo a su persona, como el poeta que define que, si no se ama intensamente, no hay tanta luz en el corazón de la persona. Por eso "Supernova el colapso de dos estrellas" es una pasión basada en el que hay que saber sentir que el verdadero amor, sea ese sitio como el refugio de nuestro planeta. Gracias por todo amigo y compañero, te deseo lo mejor, y a seguir escribiendo con esa guía de luz, pero no de sombras.

Betty: Amiga y compañera poeta del refugio de los poetas, gracias por haberte sumado a colaborar en mi poemario, y hacer que la pasión despierta, haya despertado en todos los corazones del mundo, sigue siempre con tu carisma, y lucha por tus sueños.

Lourdes: Amiga y compañera poeta, gracias por formar parte de mi poemario, por darme esa visibilidad y apoyo, eso demuestra tu gran labor, pero sobre todo tu manera de hacer versos es tan cuidada, que es una maravilla tu escritura. Así que "Tus labios callan" serán los labios de la poesía. Gracias por todo.

Enrique: Amigo y compañero poeta, ha sido un honor haber compartido contigo nuestra "Sala de la ausencia" y poder hablar desde la intimidad y la soledad, el reflejo de una pérdida, y las etapas en cada momento. Gracias por formar parte de este poemario, que como bien reflejas siempre aprendemos entre nosotros los escritores.

Aixa: Amiga y compañera poeta, ha sido un placer trabajar contigo y haber creado" El ascenso del desastre" para poder dar la visibilidad que provocan los desastres sociales que tocan tanto a familiares, ciudadanos de todo el mundo, etc. Cuando todo viene del revés en la sociedad, es cuando con más fuerza nuestra palabra tiene que sonar. Gracias por todo.

ÍNDICE